WATTEN SAND & HIMMEL WINDE

Der Meeresboden bei Ebbe

FRÜHERE ERSCHEINUNGEN:

"Vertraue der Nacht Geheimnisse an. Gedichte",
Gedichte, Frieling Verlag, Berlin, 1999 (deutsch)

"De Grønne Skyggers Land. Skitser, digte, haiku fra Japan",
Gedichte, Forlaget Ravnerock, 2012 (dänisch)

„Bladværk - haiku-inspirerede årstidsord",
1100 Haikus, Forlaget Ravnerock, 2019 (dänisch)

„Jorden Ånder - livscyklusdigte",
Gedichte, Forlaget Ravnerock, 2019 (dänisch)

"Gendarmstien - 84 km vandring langs den dansk-tyske grænse",
Wanderführer, Forlaget Hovedland, 2020 (dänisch)

"Puder af mos - japanske meditationer gennem det danske år",
Prosa, Essays, Gedichte, Forlaget Ravnerock, 2020 (dänisch)

"Marskstien med mere. Vandringer ved Vadehavet",
Wanderführer, Forlaget Hovedland, 2021 (dänisch)

„Nordkyststien. Langs den Danske Riviera mellem Helsingør og Hundested",
Wanderführer, Forlaget Hovedland, 2022 (dänisch)

„Fragments of Life - the inner beauty",
Gedichte, Books on Demand, 2023 (englisch)

„Dionysos´ Altar - Gedichte aus Kopenhagen und Kos /
Dionysos´ Altar - Digte fra København og Kos",
Gedichte, Books on Demand, 2024 (deutsch/dänisch)

„Ind i Skovens Stille Ro - en skovbaders noter fra naturen",
Über Waldbaden, Forlaget Hovedland, 2024 (dänisch)

„På tværs af Bornholm - Højlyngstiens 67 km fra Sandvig til Årsdale",
Wanderführer, Forlaget Hovedland, 2025 (dänisch)

ULLA **CONRAD**

WATTEN SAND & HIMMEL WINDE

- Prosagedichte und Haiku von der Nordsee

Fussstapfen im Watt

WATTENSAND & HIMMELWINDE
- Prosagedichte und Haiku von der Nordsee

Text, Illustration, Layout:
Ulla Conrad, www.ullaconrad.com, 2025
Korrektur: Jürgen Andresen

1. udgave, 1. oplag
ISBN: 978-87-7145-730-8

Verlag: BoD · Books on Demand, Strandvejen 100, 2900 Hellerup, bod@bod.dk
Druck: Libri Plureos GmbH, Friedensallee 273, 22763 Hamborg, Tyskland, 2025, www.bod.dk

INHALT

Für Christoph Conrad

1. MARSCH

Da ist der Mond, und da ist die Erde, in unendlicher Rotation um einander. Auf der Erde reagiert das Wasser, die 70%, wie das im menschlichen Körper auch, auf die Anziehungskraft des Mondes. Wasser verschiebt sich, und unter ihm rotiert die Erde. Wasser verschiebt sich über fliessende Grenzen von Land und See. Wasser überschwemmt das flache Land der Friesen, das Wattenmeer, alle zwölf Stunden, zweimal am Tag. Und zieht sich wieder zurück, zweimal am Tag.

Der Mensch greift ein in den Rhythmus, mit seinem Wunsch nach mehr Land, mehr Wiesen, nach Lämmern und Schafen. Wunsch nach

Sicherheit vor dem Meer, vor Sturmfluten, und Überschwemmung. Er baut doppelte Reihen von Pfählen in das Watt, die Lahnungen, mit Reisigen dazwischen, festgezurrt. Zwischen ihnen liegt Raum für ruhigeres Wasser, die Beete, Wellenbrecher, Brandungsbrecher. Und das Wasser beruhigt sich. Land lagert sich ab. In Prielen wartet das Wasser.

Mit dem Wasser, mit den täglichen Überschwemmungen, kommen kleine Partikel von Lehm, und lagern sich ab. Tropfen für Tropfen, Partikel für Partikel, sinkt, langsam, aber sicher. Bleibt da, wird nicht wieder weggeschwemmt. Verdichtet sich.

Mit dem Wasser kommt Nahrung, Anfang einer langen Nahrungskette im Wattenmeer. Myriaden von einzelligen Mikroorganismen lagern sich ab, leben in den obersten Centimetern des Wattbodens. Bakterien, Plankton, Mikroalgen, Millionen pro Quadratcentimeter. Kieselalgen betreiben auch Photosynthese, färben das Watt rötlich.

Die Algen wiederum sind dann Nahrung für Schnecken und Muscheln. Herzmuscheln, Sandmuscheln, Miesmuscheln. Im Schlick versteckt leben sie, eingegraben mit ihrem kräftigen Muskel. Sie filtern das Wasser, nehmen Algen auf, sättigen sich, und scheiden den Rest wieder aus. Samtweicher Schlick entsteht. Ein ewiges Fressen.

Sandwürmer und Wattwürmer liegen in ihren Röhren im Schlick, fressen am einen Ende, und scheiden am anderen Ende kleine Berge von dichtem, konzentriertem Sand aus. Ihre u-förmigen Gänge graben sich in die sauerstofflosen Tiefen des Watts, deswegen schwarzgefärbt. Materie, jetzt schwerer als vorher, lagert sich ab. Bei Flut, wenn das Wasser langsam aufläuft, liegen Sandberge kurz wie Berge über einem Nebelmeer - dann verschwinden sie für Stunden, unter Wasser.

Dann sind da auch Schlickkrebse, Strandkrabben und Krebse, mehr beweglich im Wasser. Oben an der Hochwasserlinie raspeln Wattschnecken und Strandschnecken Nahrung von den Steinen.

All dies zusammen eine Vielfalt, eine Produktion, so unerwartet, in dieser so kargen Landschaft. Biologische Vielfalt und Biodiversität fast wie im Regenwald, nur hier versteckt, unsichtbar - es sei denn, man gräbt mit einem Spaten und guckt nach.

Und deswegen: die Vögel. Millionen von Zugvögeln, die im Wattenmeer rasten, um sich einen Polster aus Fett anzufressen. Um zu Kräften zu kommen, um weiterfliegen zu können, nach Südeuropa oder sogar Afrika. Sie ziehen die Würmer aus ihren Gängen, mit verschieden langen Schnäbeln, angepasst an verschiedene Tiefen der Gänge. Strandläufer mit kurzen Schnäbeln. Rotschenkel mit etwas längeren. Brachvögel mit ganz langen, gebogenen. Säbelschnäbler, die die Oberfläche absuchen und abfiltern. Enten und Gänse, die auch aufs Land kommen, in die fette Salzmarsch, und grasen, rasten, und schlafen.

Und das Land steigt. Schlick, ständig überschwemmt, ist es immer noch. Aber jetzt können Pflanzen Fuß fassen, salzhaltig, sukkulent, angepasst - wie der Queller. Mit Salz und Wasser um sich, und in sich, in den fleischigen Armen, überdauert er, wagt eine Kolonialisierung. Mit den Füssen im Schlick - salziges Gourmet-Gemüse, neu entdeckt. Dann kommt das Schlickgrass, in Büscheln, im Schlick. Ihre Wurzeln halten das Land fest. Eine Landschaft entsteht, ganz neu, wie im biblischen Bericht des 1. Buch Mose. Neue Vögel fliegen hinüber, rasten, suchen Nahrung. Ein ewiger Kreislauf. Die Marsch entsteht, mehr und mehr grün, wo einmal blau war. Wehrmut duftet, hellgrau in all dem Grün. Salzwiesen entstehen, und die Köpfe der rosa Strandnelken wehen im Wind. Und vielleicht kann irgendwann ein neuer Deich das neue Land eindämmen - oder auch nicht.

Land und Wasser
im ewigen Gespräch -
Wattwürmer schmatzen

2. STURMFLUT

Wo jetzt Wattenmeer ist, war mal Land, ganz bis England sogar. Aber vor ungefähr 11.000 Jahren schmolz das Eis, stieg das Wasser, höher und höher. Und dann noch nahmen Sturmfluten das Land, wieder und wieder. Immer wieder flutete das Meer ins Land, unberechenbar für die Menschen, die da lebten. Friesen, die um 800 und wieder um 1100 einwanderten.

Eine der ersten grössten Sturmfluten, dokumentiert, kam am 16. Januar 1219. Auch Marcellusflut genannt, weil am Tag des Heiligen Marcellus erlebt. Sie traf die Niederlande und das Elbgebiet. Erster Augenzeugenbericht eines niederländischen Abtes: Südwestwind, Vollmond. 36.000 Menschen sollen ertrunken sein. Trotz natürlichen Ursachen als Strafe Gottes angesehen.

Am 16. Januar 1362 kam die sogenannte 'Erste Grote Mandränke', oder die zweite Marcellusflut. 30 Kirchen und Dörfer an der Westküste verschwanden. Auch der Hafen Rungholt zwischen den heutigen Pellworm und Nordstrand verschwunden, mit Mann und Maus. Eine Kirche, 28 Warften, 500 Menschen. Legenden erzählen von dem Übermut der Rungholter, höhere Deiche als andere zu bauen. Und bei Sturm sogar das Meer herauszufordern: "Wir trotzen dir, Blanker Hans!". Und dann sollen sie noch ein 'ungöttliches

Leben' geführt haben, was auch immer das gewesen sein mag. Sturmflut als Strafe, wenn andere Erklärungen fehlen. Leben mit der Landschaft - und Gott.

Draussen im Nebel
läuten die Glocken von Rungholt -
Tee mit Rum

Dazu noch sieben weitere Kirchen, 26 Nachbardörfer. 7.600 umgekommen. Andere Zahlen, wahrscheinlich übertrieben, sagen 100.000. Vorher noch Festland bis raus vor Sylt, jetzt nur noch die Nordfriesischen Inseln, die Uthlande. Im jetzt dänischen Land: Misthusum, ein Dorf auf acht Warften, drei Kilometer südlich des Dammes nach Röm, ertrunken. Nur noch grüne Flächen zeugen davon, etwas erhoben. Aus Resten erbaut, von Hirten gebraucht, auf einer der Warften, einsam, das "Markmandshus".

Ganz schön geplagt. 1603 kam die Pest in die Gegend. 1615 ging das Dorf Rickelsbüll bei Rodenäs bei einer Sturmflut unter. 1625 haben Eisschollen die Deiche weiter geschädigt. Und gleichzeitig war der 30-jährige Krieg im Gange. Das Land hinter den Deichen war geschwächt und gesunken, wegen Torfabbau und Entwässerung.

Dann nochmal, am Abend des 11. Oktober 1634, die 'Zweite Grote Mandränke' oder Buchardiflut, zwischen Ribe und Brunsbüttel, in Nordfriesland am schlimmsten. Das Wasser stand 6 m über dem Normalhöhennull (NHN). Man war gerade dabei, die Dagebüller Bucht einzudeichen. Alles davon wurde zerstört, die Zelte, Arbeiter, die angereist waren, um zu helfen. Viele starben in Dagebüll und Fahretoft. Deiche brachen mehrere hundert Stellen, viele davon auf Strand, einer grossen Insel, die in Pellworm, Nordstrand und Nordstrandischmoor zerbrach. Mehrere Halligen verschwanden. Häuser und Kirchen brachen zusammen, Schiffe landeten auf dem Deich und in den Strassen, Wrackteile und Tote überall. In Ribe stand das Wasser 1,7 m hoch. Insgesamt ertranken 8-15.000 Menschen, Legenden sagen 200.000. Tausende von Kreaturen ertranken. Das Wasser lief nicht mehr ab. Salzwasser war auf den Feldern, die übrig waren. Die Ernte ging verloren. Auch diese Flut verstand man als Strafe Gottes. Eine norddeutsche Dichterin, Anna Ovena Hoyer aus Tönning, soll sie als Bestätigung ihrer Kritik an der Institution Kirche gesehen haben, da besonders viele Kirchen zerstört wurden.

Bis heute noch, Sturmfluten. In den Häfen wie Dagebüll und Schlüttsiel zeigen Sturmflutsäulen an, wie hoch das Wasser ging. Metalringe mit Daten, hoch über dem Kopf. Und die Meeresspiegel steigen.

Bei Sturmflutwarnung
aus der warmen Stube und
raus an den Deich

3. DAGEBÜLL - DER WIND

Das Land hat man dem Meer wieder abgenommen. Deiche hat man gebaut. Und draussen am Deich, da wo die Fähren zu den Nordfriesischen Inseln fahren, das Restaurant. Hier pfeift es heute in den Türen, es pfeift in den Fahnen vor dem Fenster, sie klappern - und dann das Licht! Die Schaumkronen! "Windstärke 5-6", sagst du. "Haben sie das angesagt?" - "Nein, das kann ich sehen. Kleine Schaumkronen = Windstärke 5." - "Ja, Schaumkronen sind da jedenfalls." - Eine Fähre kämpft sich in den Hafen. Legt an bei dem gelben Brückenkopf. Eine gelb-rot-blaue Fahne flackert obendrauf, für Nordfriesland, und eine blau-weiss-rote für Schleswig-Holstein. Der Schornstein der Fähre aber ist schwarz-weiss-rot, die Farben der Wyker Dampfschiffs-Reederei. Grüne Bojen draussen zwischen den Schaumkronen.

Tische und Stühle
mit Abstand die Besten hier -
Scholle mit Krabben

4. DAGEBÜLL - DAS WENDEN DER SCHOLLE

Der dramatische Moment kommt, wenn alle Krabben abgegessen sind, und die obere Seite des Fisches abgelistet ist. Jetzt kommt es darauf an. Wenden! Mit Fischmesser und Gabel ist das nicht so leicht, aber es ist alles Wert: Balance, Entschiedenheit und zwei sichere Hände sind gefragt. Die Operation MUSS glücken. JETZT! Die dunkle Haut, die vorher unten lag, kommt zum Vorschein, und ist so glänzend frisch und rustikal wie eine Mondlandschaft, Marschlandschaft, wie eine Wiese mit Gräsern und Nelken. Und darunter: nochmal so viel saftiges Fleisch, noch mal der Genuss des Abpulens und saftigen Schmelzens auf der Zunge. Welch Luxus, noch mal eine Seite vertilgen zu können!

Strandkorb am Meer -
die Augen geschlossen im
warmen Westenwind

5. DAGEBÜLL - SPIEGELVERKEHRT

Man stelle sich eine Landkarte der Insel Sylt vor, mit einer Form wie eine lange Kneifzange mit den Zähnen nach rechts geöffnet, und einem dicken Bauch, der wie eine Nabelschnur mit dem Festland rechts, im Osten, verbunden ist - dem Hindenburg-Damm. Dann sehe man an die Decke des Strandhotels. Man sieht hoch - und sieht da die Karte wiedergegeben, ausgesägt, grün gemalt, angebracht. Aber etwas stimmt nicht. Sylt ist rechts. Die Kneifzange öffnet sich nach links. Die Nabelschnur geht auch nach links, und das Festland ist links. Ich frage nach dem Grund für das Spiegelverkehrte. "Aber das ist nicht spiegelverkehrt", ist die Antwort einer Frau. Ich versuche zu verstehen, warum die Karte hier 'von unten' gesehen wird, so, wie man nie eine Karte ansehen würde. Normalerweise. Man sieht die Dinge VON OBEN. Sie konnte mir Recht geben, dass die Karte 'von unten' gesehen wird, aber nicht, dass sie damit spiegelverkehrt ist. "Sie ist ja richtig. Sylt ist ja gerade da raus", sagt sie, und zeigt aufs Meer vor den Fenstern.

Himmel und Meer -
Halligen spiegeln sich
doppelte Welten

6. DAGEBÜLLER KIRCHE

Auf einer Warft, umgeben von Grün, direkt an der Bahn, direkt am alten Deich, erhebt sich eine rote Kirche, in Gesellschaft von roten Häusern. Sonne, Rosen, und weisse Blüten des Mutterkrautes decken die Ecken. Blaue Tür, so blau wie das Meer, deckt das Innere, so verborgen hier, hinter dem Deich. Ecken umgehen, in den Garten, mit einer Bank und einer freien Aussicht über den Koog. Da ist das flache Land wieder, gleich hinter dem flachen Erdwall. Dagebüll war ja mal Hallig, Insel, umgeben von Wasser. Dahinter die Strasse nach Schlüttsiel, rote Autos im Grünen, wie auf einer Schnur. Die Südseite, Eingangsseite, zweite blaue Tür, diesmal mit Sonnenuhr in rotem Sandstein. Darüber eine Inschrift: "Lobt Gott mit eurem Munde / für das er Euch geschenkt / Das ist ein seelige Stunde / darin man Sein gedenkt". Das Seitengebäude ohne Eingang, aber mit farbiger Glasrosette. Strahlt von innen. Zilpzalp singt. Bayrische Touristen und wir kommen nicht rein. 1731, da ist die Zahl, am Ostgiebel. Das Internet, nach dem Alter der Kirche gefragt, hatte Recht.

Mauersegler Luft -
Heilige, Selige auf
Deichwanderung

7. FLUT I

Schuhe aus, den Wattboden merken. Er ist hart hier am Deich, mit Strömungsrippeln bedeckt, von Wellen geformt. Tang liegt hier und da gestrandet. Muscheln. Aber das Wasser kommt, die Flut. Man denkt, das geht so langsam, nichts passiert, es ist da draussen, flach noch. Aber dann: ein weisser Ball, eine Boje, als Fixpunkt, die da vor dem Wasser auf dem Wattboden liegt. Da kann man sehen: Plötzlich ist das Wasser an der Boje, plötzlich ist die Boje im Wasser, auf dem Wasser, eingeholt vom Wasser. Zehn Meter weg, acht Meter weg. Ganz kleine, flache Wellen, dicht, dann immer dichter. Da, wo das Wasser ist, sieht man es plötzlich eindringen in die Rippel, zwischen den Rippeln, in wellengeformter Wattboden dringen sie ein, Streifen nach Streifen. Dringen da ein, wo kleine Vertiefungen sind. Da kommt es langsam dichter, treibt Schaum vor sich her. Im Hintergrund das Rauschen der Wellen. Ob sie vom Wind sind, oder vom Mond - die Flut selber kommt ja vom Mond, die Erde dreht sich unter den Meeren der Erde hinweg. Das Meer läuft, in kleinen Rinnsalen, in kleinen schiebenden, auflaufenden Bewegungen.

Mit dem Wasser kommen kleine Tangstreifen. Meerestang, grassartiger Tang, schwimmende Federn, und braun-weiss gefiederte Brachvogelfedern, ganz braune auch. Ein Abbild der ganzen Vogelwelt hier draussen, die hier furagiert, Nahrung sucht. Ihre 'Fingerabdrücke' werden hier angeschwemmt. Gefieder, ganz verschieden. Durch das Wasser, das jetzt aufläuft, sieht man den Wattboden, hell, sonnenbeschienen. Noch ein paar Meter, dann ist der letzte Wattboden weg.

Gleichzeitig läuft Wasser zurück vom Strand, vom letzten Gezeitenstrom, als das Wasser ablief, kleine Rinnsale hinterlassend, die wie Bäume aussehen. Zweige, die das Wasser abholen von oben, zusammenlaufen lassen, dann wie ein Baumstamm unten, gesammelt zu einem grösseren Stamm, ins Meer laufen. Und da, an diesen breiten Stämmen, läuft das Wasser jetzt auch wieder ein, füllt die Stämme auf.

Zweimal am Tag
der lange Atem
der See

8. FLUT II

Ein kleiner Haufen Tang, der sich abgelagert hat nach der letzten Flut, liegt jetzt, von oben betrachtet, wie der Harz in einer flachen Gegend. Berge, grün, mit Braun durchzogen. Eine kleine Bewegung - irgendetwas krabbelt da! Es ist eine klitzekleine Krabbe, die seitwärts sich an dem 'Harz' entlang bewegt - vielleicht will sie zum Brocken hoch? Aber nein! Die Krabbe buddelt sich ein - zack, zack, zack - und dann ist sie weg, nicht mehr zu sehen. Sie ist unter dem Sand. Die Flut kommt. Wird sie da überdauern? Bis zur nächsten Ebbe? Eine offene Miesmuschel ragt raus aus dem Tang, hungrig, gähnend. Und Herzmuscheln, daneben, kleine weisse Flecken auf braunem Hintergrund und Himmel - Wattensand.

Dann kommt das Wasser. In den kleinen Prielen, 'Stämmen' gleich, kommt es hoch. Erreicht einen Wattwurm. Erreicht meine nackten Zehen, mein Hosenbein, und gleich meine Schuhe hinter mir. Es kommt, und es fliesst wieder ab. Der Schaum bleibt liegen. Das Wasser kommt, mehr Schaum kommt. Und jetzt ist das Wasser an den Tanghaufen angelangt, am 'Harz', gleich wird er umzingelt sein. Jetzt ist der Schaum da, Welle nach Welle kommt, plötzlich dann eine etwas grössere Welle, und zack! Die Schaumkante rückt einen Zacken vorwärts. Ein halber Meter in drei Minuten vielleicht, das geht schnell.

9. NOLDE

Unter dem Haselbusch stehen die Musen, oder? Unter einer Hobbitkugel eingegrast und blumenberauscht liegen die Noldes, Ada und Emil, zum letzten Schlaf gebettet. Eine runde, freundliche Welt, in der sie immer noch, vereint, erzählen. Wie farbig sie war, wie blühend, strahlend, glänzend, bestrahlt aus allen Farben des Regenbogens. Farben gepflanzt, geschaffen, gemalt, und wieder gepflanzt. Ihr eigenes Heim begrünt, bemalt, in der sonst flachen rauhen Marsch. Kräfte der Erde, des Himmels, hier gesammelt und beschützt. "Hier ist unserer Ort", sagten sie über die Warft. Ihr Ort, ihre Welt, ihr Zusammenhalt. Erst zu Schleswig gehörig, dann preussisch, dann deutsch, gerade noch, so dicht an der Grenze. Farben aufgepäppelt, aufgezogen, vom Garten auf die Leinwand verewigt. Ewig gefreut. Ewig freuen sich die Betrachter, ewig inspiriert er und der Garten, zu Ausdruck und Passion. Passionsfrüchte, aus Christuspassion und Blumenpassion. Lebenspassion. Pfade, geformt nach den Initialen der Namen. Ada und Emil.

Der Hund trinkt am See
dem spiegelnden Schmuckstück
zwischen A und E

10. BIIKEBRENNEN

Dunkel ist es noch am 21. Februar. Alle sollen hin, das ganze Dorf, gross und klein, Alte und Junge. Zelte sind aufgebaut, und dahinter, pyramidenförmig aufgehäuft die Hölzer, Büsche, Tannenbäume, alles trocken - die Biike. Und hoffentlich ist keiner versteckt drinnen, Tier oder Mensch. Sichergehen. Für die Hexe auf der Spitze aber gibt es kein Entrinnen, festgebunden, festgezurrt, verbrennen soll sie. Dann geht es los. Von allen Seiten Fackeln, von allen Seiten Feuer, Licht im Dunkel. Von kleinen Flammen breitet es sich aus, flackert und zuckt in die Höhe, leckt am Holz. Geht es gleichmässig hoch? Verläuft alles richtig? Es geht, es geht, es brennt. Knackt, knattert, kracht. Die Biike wird halten, flammt auf, von allen Seiten frisst es sich hinein: das Feuer. Dann lodert sie wie eine einzige grosse Fackel im Frühjahrswind, in der Frühjahrskälte. Wärme breitet sich aus. Wie lange hält man es aus, wer ist der Mutigste, wer kann am dichtesten dran, wer tritt zuletzt zurück. Ein Paar Schritte zurück, “Pass auf, die Flammen!” Dann in die Zelte, Glasbecher mit warmen Getränken. Grog, Punsch, was war es, das die “Grossen” tranken? Warmer Zitronentee für uns. Und das Glas habe ich noch - aufbewahrt über alle diese Jahre hinweg.

Aus der Biike-Zeit -
das Glas aus dem ich trank
jetzt Zahnputzbecher

11. MEERESWEIBER

Die offene Landschaft ist die Landschaft des Meeres, des Wassers, der Kräfte, vom Mond gestaltet und veraltet. Feminine Kräfte sind es, die sich nicht eindämmen lassen wollen. Hauke Haien hat es versucht, aber schon das alte Kindermädchen seiner Frau hat es ihm gesagt: Meereswesen wollen das Wasser, wollen nicht Deiche, wollen Offenheit und Halligen und Sände, von Nebeln umwabert und freiliegend, freiheitsliebend. Freiheitsliebend auch die Meerjungfrau, das Meeresweib, dass das Kindermädchen sah. Sie schwamm in den Kanälen im Land, in der Marsch, und plötzlich, durch die Schleusen, war ihr Weg zum Wasser abgeschnitten, abgebrochen, unterbrochen - und sie gefangen in schmalen Rinnen von Wasser. Rinnen waren nicht genug, das Meer wollte sie. Eingezwängt, verzweifelt, sich die nassen gelben Haare raufend, wollte sie raus, nur raus ins Meer, in die Freiheit. In die Gewalten der Gefühle, aber in Freiheit. Meerjungfrauen lassen sich nicht zähmen, obwohl man es versuchte, auf Amrum, auf Sylt, so sagen die Sagen. Es GEHT nicht, eher gesagt, es schwimmt nicht, SO nicht.

Sylter Legende:
Meerjungfrauen gefangen in
der Regentonne

12. DER MARSCHPFAD

Gerade nördlich der Grenze, an der Widau, liegt die Tonderner Marsch. Und hier liegt auch der 'Marskstien', der Marschpfad. Ein 64 km langer Rundwanderweg zwischen Tondern, Ruttebüll, Nørremølle und Siltoft, Hoyer, Emmerleff, Mögeltondern und wieder Tondern.

Tondern hat eine autentische Altstadt, Kunstmuseum und Historisches Museum, und den Wasserturm mit Wegnermöbeln, über Dänemark hinaus bekannt. Ruttebüll und Rosenkranz, mit der Grenze mitten durch den Ort. Nørremølle, ein Dorf an den Deich gebaut. Siltoft mit dem alten Gendarmen-Häuschen, jetzt Infozentrum. Hoyer mit seinen zwei Schleusen, Kirche, Mühle, Wasserturm mit Aussicht, Kunst und Keramik. Wohnen kann man im Marskhotel. Von der Widau Schleuse geht es am Meer nach Emmerlev hoch. Zurück nach Hoyer. Dann gegen Osten nach Mögeltondern, mit seinem früher für den dänischen Prinz Joachim berühmten Schloss Schackenborg. Besichtigen kann man es noch, essen im Schlosskrug kann man auch noch. Ein letztes mal raus in die Marsch, wo man dann bei Ecco auf Tondern stösst. Durch die Gehstrasse mit seinen alten und pompösen Eingangstüren aus den reichen Handelszeiten, an der Kirche vorbei, zum Seminar und seinem Park, und noch mal an der Widau entlang zum Bahnhof.

Beim Wandern in der Marsch, zwischen den Dörfern, kommt einem die Landschaft ganz unter die Haut. Der Wind rüttelt an einem, das Gras ist nass an den Füssen, die Erde flach. Die Aussicht ist weit, der Horizont unendlich. Hier erlebt man einiges. Ein junger Mann, der neue Marschboote baut. Ein älterer Mann, dem noch ein originales Boot gehört, schwarzgeteert liegt es im Ruttebüller See, umgeben vom Schilf. Aus dem Schilf erheben sich hundertausende von Staren, in Schwärmen, die schwärmen und zwitschern und sich dann schlafen legen im Schilf. Bis sie dann weiterfliegen am nächsten Tag, in den Süden. Und draussen vor dem Deich ist das Wattenmeer, 50% Chance, das Meer zu sehen, 50% nicht. Denn hier sind Gezeiten, mit einem Unterschied zwischen Ebbe und Flut von 1,8 m. Unter dem Wasser kommt das Watt zum Vorschein. Das alles ist Nationalpark, auf der deutschen wie der der dänischen Seite. Vögel kennen keine Grenzen, sie fliegen oben über dem Wanderer durch die Luft. Auch Möwen in Schwärmen, Enten und Gänse in Keilformationen, mit Rufen so charakteristisch für die Landschaft. Draussen fressen sie sich satt, auch sie müssen fliegen, ziehen, ins Winterquartier im Süden. Der Wanderer folgt ihnen mit den Augen. Highlights sind Trupps von Kranichen, die trompeten, schon von weit weg zu hören. Und die Silberreiher, früher so selten, die sich ab und zu weiss und majestätisch aus dem Grün erheben, und sich mit grossen Schwingen davonmachen.

13. TONDERN

Auf alten Radierungen im Topographieraum des Tonderner Museums sieht man es deutlich: Mal war da Land, dann war da kein Land mehr, von Sturmfluten verwüstet. Dann ist da wieder etwas mehr Land, sorgfältig, unermüdlich, wieder dem Meer entkämpft. Koog an Koog gebaut. Deich an Deich. Tondern ist immer da, erst als Hafenstadt, der Handel und Reichtum mit sich brachte. Immer an der Wiedau, von der Wiedau umschlungen, auf diesen Stichen. Rote Backsteinbauten, ein inneres Quadrat, mitten drin turmt die Christus Kirche mit spitzem Turm hoch über der Marsch sichtbar. Hoch in den Himmel ragt er, Wolken befassend, Schiffe geguidet, Wanderer geleitet. Gerne gesehen. Darunter ducken sich Giebelhäuser, reich geschnitzte Eingangstüren zeugen aber von ihrem Reichtum. Reichtum durch Handel. Vieh nach Holland, zurück mit Kacheln, Gewürzen, Tradition der Spitzen. Spitzenreichtum. Und neben der Kirchentür: die Büste des früheren Pastors in Tondern und Kirchenlieddichters H.A. Brorson, in Dänemark sehr bekannt.

Brorson sieht gen Himmel -
summt ein Weihnachtslied
leise vor sich hin

14. TONDERN - TØNDERHUS

Draussen vor den Toren Tonderns, umgeben von der Wiedau, mitten in der Marsch, war es einmal: ein Schloss auf einer Insel, von Wallanlagen und Wasser umgeben, das letzte seiner Art. Draussen vor den Toren lag es schlaflos, seine Türme mit Kirchtürmen wetteifernd. Kirchliche Macht, und weltliche Macht. Balancenausgleich. Aber dann abgerissen, vorher noch gezeichnet und als Modell gebaut. Köpfe aus Sandstein geraten in den Schlund des Burggrabens, einer davon Moses. Da kann er dann noch lange seine Tafeln hochhalten, keiner sieht ihn mehr. Hätte man ihn, und die anderen, nicht gefunden, also. Und ausgestellt, in der Pförtnerwohnung, die noch steht, heute Museum. Mit Schatzkisten, Schränken mit 'green-man' Gesichtern und also den anderen Köpfen. Und all das aus dem Mist gerettet, all das wieder ans Licht gebracht, zusammen mit holländischen Fliesen, Silber und Spitzen. Zur Ansicht und zum Leben gebracht, nur ohne das Schloss selber.

Wasserturm Aussicht -
das Schloss besteht nur noch
aus unschuldigen Hecken

15. TONDERN - BACHMANNS VANDMØLLE

Wo die Widau Tondern verlässt, steht eine alte Wassermühle. Der Giebel weissgemalt, der Rest roter Mauerstein. Jahreszahlen gross und deutlich, 1598. Darauf ein Storchennest. Davor ein moosiger Mühlenstein. Umgeben, umschmeichelt, von zwei Armen der Widau, üppig bewachsen mit Schilf - und besiedelt von Vögeln. Der erste ein Zilpzalp. Und da, vor der Geräuschkulisse der Au, die im Hintergrund plaudert, sitzt irgendwo ein Schilfrohrsänger, der auch plaudert, und erzählt. Eifrig, als ob er alles mithaben will, was er in der Ferne erlebt hat. Vielleicht zelebriert er auch nur das jetzt und hier, THE NOW... Er soll Laute aus seinem Winterquartier mitgebracht haben, schreibt der lokale Journalist, auch Vogelkenner. „Tweet tweet" - ist es das? Jedenfalls deutlich sind die Laute von Schwalben und Spatzen. Von draussen auf der Marsch flötet eine Goldammer. Und da leuchtet etwas rot auf in den Weiden, und ist wieder weg: ein Bluthänfling. Im Schilf liegt das Plaudern der Au immer noch, freundlich strömend, gedämpft, aber deutlich. Es passt zu all dem Grün, erfrischend in der Wärme. Der Sauerampfer blüht, Mädesüß in weissen pudrigen Büscheln, und die tellergrossen Blätter des Pestwurzes.

Rauschendes Schilf -
zu meinen Füssen
ein kleiner Frosch

16. GALLEHUS - DIE GOLDHÖRNER

Das kleine Feld in der flachen Marsch ist heute von Bauernhäusern mit Strohdächern umgeben. Auf dem Feld die zwei grossen Findlinge, zwei Gedenksteine. Genau hier wurden sie gefunden, vor mehreren hundert Jahren. Im Abstand von nur wenigen Metern voneinander, zeitmässig aber im Abstand von 100 Jahren.

Die Goldhörner. Zwei aus Gold gefertigte Trink- oder Blashörner, einer der berühmtesten archäologischen Funde Dänemarks. Fast sieben Kilo schwer zusammen. Hergestellt um 400 n. Chr., dekoriert mit Ringen voller fantastischer Gestalten, Menschen, Schamanen, Tiere, Beschützer und Götter. Und mit Runen. 1802 aus den Gemächern des Königs gestohlen, vom Dieb umgeschmolzen und verarbeitet zu Schmuck. Für immer verschwunden. Nur Kopien existieren. Vom Dichter Adam Oehlenschläger im Gedicht verewigt.

Aber zurück an das kleine Feld. Auf dem ersten Gedenkstein steht: "Hier wurde das erste Goldhorn am 20. Juli 1639 von Kristine Svendsdatter, aus Østerby, gefunden." Das große Horn ist über den Worten als Relief eingemeisselt und mit Gold bemalt. Auf dem zweiten Stein steht: "Hier wurde das zweite Goldhorn am 21. April 1734 von Erik Lassen, Gallehus, gefunden." Auch dieses Horn ist oben in den Stein gemeisselt, golden, nur viel kürzer mit nur sieben Ringen. Ich gehe noch mal zum ersten Stein. Meine Finger fühlen entlang den Erhebungen an den Linien, die das Horn in 14 Ringe teilen. Meine Hand versucht, das Horn zu halten – als wollte sie es aus dem Stein herausheben und zum Mund führen können. Will der Mund trinken? Oder Blasgeräusche für eine Zeremonie machen? Eine Zeremonie für wen? Hat man hier feierlich einen Helden gefeiert, einen König, der pelzbekleidet auf einem Thron am Feuer sass? Gab es einen Barden, einen Dichter und einen Sänger, die die Geschichten erzählten, die auf dem Horn abgebildet sind? Geschichten über Jahreszeiten, Ernte- und Jagdwerkzeuge, Tiere, Menschen und Götter. Geschichten, die für uns Rätsel bleiben.

Gold aus der Erde -
nur der Zaunköniggesang
hebt sich gen Himmel

17. MÖGELTONDERN

Das Schloss Schackenborg schläft. Oder so scheint es, jetzt, wo die dänische Königsfamilie wieder ausgezogen ist. Es scheint im Dornröschenschlaf zu liegen, so schön und königlich und von Rosen und Wassergraben umgeben. Und doch ist es wieder am Aufwachen, Türen öffnen sich und Wanderungen durchs Schloss werden möglich. Immer zugänglich ist ja der grüne Park gegenüber - und der Schackenborg Slotskro. Auf den alten Kopfsteinpflaster geht es dann auf der Schlossstrasse entlang, unter den Linden, vorbei an Rosen und Stockrosen, vorbei an geschnitzten Eingangstüren und weissen Spitzengardinen. Der Ort ist Hochburg der Spitzen und sogar ein Museum gab es, früher wohl hier, jetzt in Tondern. Ein weiteres Cafe, "Mormors Lille Cafe" belebt die Sinne und den Magen, als der sich meldet. In die Gartenstühle zurückgelehnt, bekommt man Fischfilet und "biksemad" serviert, Bratkartoffeln mit Spiegelei und Rote Beete. Dazu Tee. Reiner Segen.

Hinter dem Garten liegt die Kirche. Etwas weiter müssen wir, das letzte Stück Kopfsteinpflaster. Vor dem Eingang leuchtet nochmal das Marschpfad Schild auf. Zwischen den gemauerten Pfosten des Eingangs thront der spitze, graue Turm mit roten Mauern. Der Rest der Kirche ist weiss. Das Weisse blendet. Als Tradition, rund um die Kirche im Uhrzeigersinn. An der Nordseite ein reich dekoriertes Portal, mit einer Liste über die Adligen auf einer Steintafel. Schackenborg verleugnet sich auch hier nicht. An der Sakristei eine weitere blaue Tür - und der Handgriff zwei eingelegte Muscheln, vertieft und überraschend detailliert. Pilgrimsmuschel?

Und drinnen. Drinnen öffnet sich eine Abenteuerwelt christlicher Art, für alle Sinne etwas. Eine Schatzkiste, von deren Inneren man von aussen nichts ahnen konnte. Über blauen Bänken weisse Wände. Ein bläuliches und goldenrotes zweites Geschoss aus Holz, wahrscheinlich für die feinere Abstammung. Vorderste Reihe auch mit einem Schackenborg Namen. Ein einfaches, unbemaltes Holzrelief links vor dem Chorbogen, eine Szene von Jesu' Geburt. Danach, links, eine grosse, auch unbemalte Madonna. Ihr gegenüber eine männliche Figur, St. Nikolaus. Beide wohl aus dem 14. Jahrhundert, noch vor der Reformation. Und hinter beiden das farbenfrohe Inselmeer der Kalkmalereien, in Chor und Apsis. Bläulich, rötlich, gelblich. Die ganzen Wände bedeckten sie, berankt mit Blumen, Lebensbäumen, Figuren in Kreisen, einem Garten, einem Paradies hier auf Erden. Sie sind wie eine warme Jacke, eine Patchwork Decke, die man anprobieren kann und sich damit wärmen kann. Die Augen wollen auf Wanderung gehen und nicht loslassen.

Im Zentrum der Altar, golden, mit geöffneten Flügeln, klar zum Abflug der Seele in höhere Ebenen. Man dreht sich nochmal um, um das Taufbecken in Augenschein zu nehmen und sieht das einfache Design aus dem 12. Jahrhundert. Aber darüber der Schock: Überdeckt mit einem Himmel aus halbnackten weiblichen Gallionsfiguren, die wohl Engel darstellen sollen. Ob die Fischer sich wohl nicht an denen erfreut haben damals?

Schatzkistengold
im Schlafe genossen
Dornröschen Engel

18. TRØJBORG SCHLOSSRUINE

Der Burggraben voller Seerosenblätter und grünen Köpfen einer Wasserpflanze. Der viereckige Grundriss eines Schlosses, 30 x 30 m, mit einer Wand noch intakt. Eine schlanke Libelle ruht auf roten Mauersteinen. Sie schwebt dann als lebendes Juwel über den Ruinen, beschäftigt sich mit Leben und Überleben - nicht mit dem Tod. Die Rantzaus von damals sind nämlich tot und auch die Geschlechter des Knudsens, der das Schloss Trøjborg niederreissen liess. Unter dem Keller die Reste der Burg, die vorher da stand. Der Keller heute auf der Höhe des Burggrabens. Abgerissen auch, tot. In der Mitte schwebt, in Brückenhöhe, der damalige Burgplatz. Die Ecken rund, wie abgebissen, da waren damals die runden Türme mit Treppen zu den höheren Etagen. Die Libelle fliegt über all dem, rein in den Brunnen, in den Keller, durch das Loch in der schiefernen Tischplatte, wodurch Abwaschwasser in den Burggraben gelang. Die grünen Köpfe im Wasser blühen weiss jetzt - es ist Sommer auf der Trøjborg.

Seerosenumgeben -
Burgruinenminnegesang
Buchfinkenlied

19. HAASBERGER SEE

Der Haasberger See inmitten der Marsch. Er dient als Grenze zu Deutschland, die Grenze liegt an der südlichen Seite des Sees. Der Marschpfad geht aber entlang der nördlichen Seite. Erst auf dem Audeich, dann unter dem Deich, so dass man nicht mehr die Aussicht hat auf den See. Grünes Röhrricht, blauer Himmel. Plötzlich kommt man um eine Ecke - es gibt tatsächlich Ecken hier in der Marsch - und plötzlich ist er da, der Vogelturm. Man geht drei Stufen hoch, und dann sitzt man auf einer Bank mit Brettern im Rücken, und freier Aussicht nach hinten, aber nach vorne, nach Süden runter, ist da eine grosse Wand. In der Wand sind kleine 'Gucklöcher', mit Klappen, die man aufmachen kann. Da guckt man also raus, sieht einen Streifen Landschaft aufs mal. Der See ist eigentlich Schilf, lauter grünes Schilf, mit grauem Himmel drüber, aber kein Wasser zu sehen. Ich denke, eigentlich könnte doch dieser Turm umgekehrt stehen, dass man die Wand im Rücken hätte, und die volle Aussicht zum See, und die Füsse hoch, mein Essen geniessen. Aber ich bin ja nicht in einem Café, sondern hier, in einem Vogelaussichtsturm. Und wie gut der funktioniert, sehe ich bald durch eines der Löcher:

Menschenversteck -
die Schilflandschaft bläst eine
Rohrweihe heran

Mit breiten, geknickten Flügeln, mit der typischen W-Silhuette, fliegt sie auf mich zu, wird grösser und grösser im Fenster, und fast fliegt sie zum Fenster herein. So gut versteckt es den Menschen, das Vogelversteck.

Draussen ist die Landschaft ruhig, sie klart auf, kein Regen mehr. Sie zeigt sich von ihrer unschuldigsten Seite, still, warm. Die Felder sind abgeerntet, voller gelber Stoppeln, an anderen Stellen grünes Feld. Der Weg geht weiter unter dem Audeich, links der Deich, rechts noch ein Kanal voller Schilf. Im Schilf sitzt eine Rohrammer. Wie viele Vögel hier benannt nach dem Schilf, Reet oder Röhricht, Rohrweihe, Rohrammer. Und plötzlich oben, ein Turmfalke. Die Landschaft ist die Landschaft der Vögel, ich bin nur zu Gast da.

Die Landschaft ist die
Landschaft der Vögel -
ich bin nur zu Gast

In der Ferne kann man zurücksehen auf Tondern, und man kann auch nach vorne sehen. Vorne schräg rechts das Schöpfwerk bei Lægan, das ist das Ziel des Weges. Ein viereckiges breites rotes Haus, mit rotem Dach, ein bisschen von Wald umgeben. Es sind noch ein paar Kilometer.

20. LÆGAN

Bei Lægan ist Leben. Altes von damals, als da noch ein Krug war, das strohgedeckte Haus mit Efeu draussen hat den Titel "Lægan", Leg-an, über der Tür. Jetzt ist alles still, privat. Da ist eine Geschichte von einen Mann, der hier einen Krug hatte, nämlich als die Eisenbahnbrücke hier über die Wiedau gebaut wurde, für die Touristen. Waren wurden umgeladen von Schiffen auf dem Meer, die Waren reingefahren nach Tondern und Mögeltondern. Ein Umschlagplatz, jetzt niedergelegt, eingedeicht, von Eisenbahnen und Lastwagen abgelöst. Jetzt ist es still. Der kleine Hafen, direkt an der Strasse, aber immer noch voller Boote, Freizeitboote, in allen Farben und Formen. An einer kleinen Holzmohle liegen sie im Dornröschenschlaf. Das Wasser ist ruhig, spiegelblank. Irgendwann mal ist hier Leben, irgendwann mal kommen hier Menschen und gebrauchen die Boote. Hinter den Bäumen versteckt, liegt das Schöpfwerk und ist dabei, umgebaut zu werden. Man konnte es von weither sehen, es ist das einzige Merkmal hier in der Umgebung. In der grünen flachen Landschaft, dieses viereckige rote Gebäude. Die oberste Etage ist umgebaut zum Infozentrum mit Aussicht. Ein Shelter gibt es auch in der Nähe. Nach vier Stunden Wanderung also:

Das Ziel ist erreicht -
die Frage ob es weitergehen
soll oder nicht

21. RUTTEBÜLL

"Das erste Haus hinter der Wiedau", sagt der Journalist, den ich kenne, und zeigt mit dem Finger auf die Karte. "Hier wohnt er, Thomas, da musst du mal anklopfen. Er hat eine Ausstellung in seinem alten Stall, mit schwarz-weissen Bildern aus alten Zeiten, und er weiss ALLES über die Marsch, und kennt ALLE in Ruttebüll. Er flechtet auch Taschen aus Binsen - so wie diese hier", sagt er. Und findet bei der Gelegenheit sogar einen vermissten Geldbeutel in der Tasche. Diese ist gelblichgrün, geflochten, und sehr schön.

Und dann da, ein paar Stunden später, hinter der Wiedau, ist das Haus. Ein Name an der Tür, aber sonst keine Indizien davon, dass sich da ein besonderer Stall oder eine besondere Scheune befinden soll. Das einzige Zeichen von Leben ist ein älterer Mann auf einem kleinen Traktor, der damit die Grasfläche hinter dem Haus mäht, runter zum Koog. Könnte er es sein? Und, gefragt, ist er es! Mit einem Schmunzeln im Mundwinkel räumt er es ein, und man kann nicht anders als ihn gleich mögen, von dem Moment an. Der vielleicht 80-jährige Mann ist sogleich bereit, die Scheune zu zeigen, er will nur eben fertigmähen, ob das ok sei? Natürlich ist es das. Rein in die Scheune, und hier, auf einem langen Tisch in der vollen Länge des Stalles, wo früher der Mist gesammelt wurde, liegen Reihen von Taschen, Reihen von geflochtenen Dingen verschiedener

Art. Fussschemel, Tischschoner, Herzen, alles aus dicken beigefarbenen Binsen, geflochten, genäht. Alles wird gezeigt und erklärt, mir und einem anderen Wanderer, der dazugekommen ist. Er ist einer der wenigen, die das Handwerk noch können. Hinter ihm hängen die Bilder, zu einer Wand zusammengestellt, jedes Bild hat eine Geschichte.

Eine Geschichte von einem Haubarg, der in der Gegend stand, und nicht mehr da ist, nach einem Brand umgebaut zu einem normalen Hof. Die Geschichte von den Marschbooten, von denen ihm eines gehört, und von dem ich draussen ein Bild gemacht habe, und die von den zwei Männern, die bei einer festlich gekleideten Gesellschaft in einem Marschboot stehen. Ein Bild, das ich in der Wassermühle in Tondern sah. Er erklärt plötzlich, dass das der Grossvater seiner Frau gewesen sei. Und der andere, links im Boot, sei ein Dachdecker gewesen, der sonst immer Schilf erntete, ihm aber das Ernten der Binsen beigebracht hätte. Persönliche Geschichten - und plötzlich hat alles eine Verbindung, ist alles bekannt, Generationen zurück, die Einwohner des Hauses. Alles hat Geschichte, alles hat Verbindung zu seiner Familie. Und zu der Marsch. Zu dem Schilf, und der Wiedau, und dem Wasser, das manchmal als Sturmflut hereinkam. Seine Bilder davon, von der Zeit vor der Entwässerung in den 20ern, und dann nach der Entwässerung, zeigen, wie trocken es jetzt geworden ist, im Verhältnis zu damals.

Bevor ich gehe, muss ich eben noch die Ernte dieses Jahres sehen. Und da hängen die zwei Meter langen Binsen von der Decke, fast noch grün, so lange habe ich noch nie gesehen - und er steht davor, um für ein Bild zu posieren.

Das war das Treffen mit Thomas - und dann erst beginnt die geplante Wanderetappe des Tages, durch die Marsch, entlang von Deichen und Entwässerungskanälen, von Ruttebüll nach Hoyer. Jetzt mit seinen Geschichten und Bildern im Hinterkopf.

Draussen am Deich -
der Geschichtenerzähler
ist mit unterwegs

22. AUF DEM DEICH

Da ist irgendwas mit den Vögeln hier. Sie sausen am Deich entlang wie natürliche Akrobaten, sie stehen plötzlich in der Luft im Gegenwind, und zack, wenden sie sich 180 Grad, zurück, hin und her, patrouillieren ihr Stück vor dem Deich ab, kehren um und kommen zurück. Wie Surfer, die die Wellen beherrschen, und wenden. Oder wie Kitesurfer in der Luft, die an Steilküsten entlanggleiten. Sie nutzen den Wind aus, liegend, schwebend, sausend, am Deich hin und her. Mit Flügeln und Federn, die manchmal auf dem Deich zu finden sind, Gaben aus der Luft. Schafe schieben sich durch das Gras, den Kopf im Sand, mit bemaltem Hintern, leuchten sie auf in der Marsch. Sie folgen nicht den geraden Linien, sondern ihren eigenen organischen Wegen. Jedesmal, wenn ich hingucke, oder ein Foto machen will, dann pieschen sie. Respektlos ;) Der Wind ist so stark hier, er saust in dem Strohhut, den ich unterwegs gefunden habe. Gänse bilden Ketten am Himmel, verbinden A mit Z. Das nächste Dorf schon lange in Sicht, aber jedesmal, wenn man guckt, ist man nicht weitergekommen. Sondern es schwebt wie die Schwalben inmitten der Landschaft, zwischen Himmel, Nordsee, Deich und Marsch.

Schwalben federn durch
die Luft über dem Deich -
du Schafskopf

23. WIDAU SCHLEUSE

Die meisten halten am Deich an - aber es geht darum, über die Grenze zu gehen. Ich ging über die Grenze, ich hörte das Wasser kommen, hörte den Schlick zwitschern vor Freude (freute mich mit ihm, bis mich die Mücken einholten), knistern und zufrieden sich zurücklehnen, endlich mit Wasser der Tide bedeckt, zweimal am Tag. Dann lag es ruhig da, und nur Büschel ragten aus dem Abendspiegel wie Helgoländer Klippeninseln, Land im Begriff, sich zu begehen, erwachsen zu werden, während der Feldschwirl 'sägt', draussen im Schilf, hinter dem Deich.

Der Feldschwirl schwirrt, als versuche er die Flügel der Holländermühle aufzuziehen und zum Schwingen zu bringen, auf den eigenen Schwingen zu fliegen - und auf den eigenen Schwingen ist die Eule, die lautlos einen Meter über der Erde fliegt, weich und samtig wie ihre Federn selbst. Kanäle quellen über vor Wiesenkerbel, und:

Aus Hoyer schweben
Stimmen der Sommernacht
in die Marsch

24. MEERESMORGEN

Das Fahrrad fährt schräg über den Deich, und bleibt dann, ans Gatter gelehnt, stehen. Die Füsse aber bewegen sich vom kurzen Gras und Asphaltweg ins Wilde. Ins wilde und neue Land, was da wasserwärts entsteht. Büschelweise baut es sich auf, mit tückischen Löchern dazwischen, wo Wasser auflaufen kann, und ab. Keine Salzwiese, aber Vorland, den Fluten ausgesetzt, zweimal am Tag. An einem Kanal voller Wasser, eine Art Pfad. Dann auf eine Reihe von Lahnungen gestossen, parallel zum Deich. Dahinter diesmal reiner Schlick, dunkel wie vulkanischer Stein, aber samtig weich, voller Löcher von Würmern. Und es knistert wieder. Füsse von Schuhen befreit, der erste, dann zweite, Schritt auf Schlickboden. Weich und angenehm, nur unter der Hacke gibt es nach, einen Fussabdruck hinterlassend, wie wenn man für Schuheinlagen probt. Weiter vorne, noch eine Reihe Lahnungen, umspühlt von Wasser. Ebbe. Das ganze Feld trockenliegend, für eine Zeit. Zur letzten Lahnung hinaus, an einer anderen entlang. Ein neu eingezäuntes Stück Meer, vielleicht auch bald dem Meer entrissen. Entzäunt. Entschlickt. An der Schleusenmündung angekommen, und zurück - zu den Schuhen. Abspülen, und rein. Über den Deich und heim.

An der Schleuse
steht jemand aus Århus -
Watt' ein Schnack

25. AUSSENDEICHABEND

Gezeitenabend, Sonnenabend, Aussendeichabend und -anstieg, alles läuft pastelartig und samtig zusammen so zart, die Lüfte lauschen langsamer, atmen lau, Farbe färbt ab, taubenblau. Langsam steigt es, das Blaue, füllt die Watten, wird zum Meer, wird weiss grau mit atmender Farbe, naht sich heran auf dunkelbraunem Schlick, mit Abdrücken von Vogelzehen, wozwischen es knistert, winzige Löcher zeugen von Wohnungen nicht so weniger Würmer, gewürzt mit dem „Tü tü" des Rotschenkelschnabels, dem Klirren der Grauammer in der Mündung der Au. Wieder kehrt die Widau in Wünschen wunderbarer Träume, das Vorland steht in Büscheln auf Absätzen fusshoch, mit Salzwiesen bedeckt, beschneckt, belesen, begrast. Büschel aus Grün stehen, staken, werden Inseln. Steine werden Klippen, zentimeterweise hebt sich das Land aus dem Meer, aus dem Watt. Salzwiesen, Wanderfläche, Kräutersache, wächst im Gras, Strandwermut, Strandwegerich, Deichfuss. Schwalbenflug zwitschernd hoch und hinüber, mit schwirrendem Rotschenkelbalzflug gekrönte Deichkrone, unten im Graben der voll ist von Blaukehlchen, zieht die Töne, zupft wie Seiten den duftenden Wiesenkerbel, kerbt sich ein in die Dolden, webt sie zum Teppich weisser Spitzen, ein Labyrinth aus Duft, wo die Töne sich verfangen, hängenbleiben hätten sie nicht ein Büschel von Kräutern in der Hand, die einen herauszieht aus Gezeitensturm, Gezeitentraum und -rhythmus.

26. GESCHMACK DER MARSCH

Die Spätsommersonne fällt über das flache Land, ihre Strahlen erreichen die letzten Ritzen und Ecken, zwischen strohgedeckten Häusern. Erreichen die Mühle, und die Kirche. Alles versammelt sich, strömt aus den Häusern, selbst von draussen aus der Marsch, alle versammeln sich zum herbstlichen Gourmetfestival, 'Smag på Marsken', Geschmack der Marsch. Da wird geerntet, gekocht, verfeinert, konserviert. Da werden Marschkräuter zu wertvollen Tropfen gesammelt, destilliert, zu botanischem Gin. Da wird gebraut, lokal, und das Bier bekommt Namen von Vögeln, wie Trauerseeschwalbe, dänisch 'Sortterne'. Da wird Gras zu Lämmern, und diese zu Würsten, so Leid es mir tut. Da werden Nordseekrabben mit rauchigem Geschmack zum himmlischen Genuss, klein, aber so intensiv wie Wild. Lokal, alles lokal, und lecker. Alles wird geschmeckt, probiert, verkostet. Alles intensiv und sonnig, hier in der Sonne. Alle werden satt, und sind stolz, und zufrieden.

Festival Gäste -
unter ihnen die finden, die
umarmen wollen

Ich verlasse mein eigenes Zelt, mit meinem Buch über den Marschpfad, steige über Hunde, Schafe und Heuballen, und schlüpfe in den Schatten des Wasserturmes. Von da an steigt eine Metalltreppe

Stufe für Stufe hoch, im Schneckentempo, in Schneckenspiralen, spiralwanderndem Aufstieg, durchsichtig nach unten und oben. Ein Streben, ein Drang will es, wartet mit Sehnsucht auf das, was kommt. Noch eine Windung, dann eine Öffnung, eine warmgelbe Kuppel, ein ehemaliges Wasserreservoir, jetzt trockengelegt. Aber wo ist sie, die Tür, da! Das Licht bricht herein, die Sonne ist dichter denn je, um mich Himmelwinde, und da ist sie - die Aussicht. Unten das Dorf mit seinen reetdachgedeckten Häusern, der Mühle, und dahinter die Marsch. Die Marsch und das Meer, das Wattenmeer, der Horizont, die NORDSEE. Sehnsucht nach Einatmen der Luft da draussen, Merken der Winde, Baden im Meer. Unter mir wimmeln sie alle, die Menschen, jetzt mit drei Bieren aufs mal in der Hand und Modern Talking aufgeschraubt. Alles ist gut.

Hoyer Wasserturm
in der Ferne glitzert das Meer -
Seele sehnt sich

27. DER WIND

Im eisigen Ostenwind, ganz anders als im ewigen Rudern gegen West, eine Gruppe von Möwen. Von unsichtbaren Hände gezogen, von magischen Mächten bewegt, mit magnetischer Luft, die sie alle zusammen- und auseinanderhält, auf und ab.

Windgeschützt, windgestützt, ist es hinter den Buden der Bootschuppen, von hier aus fühlt man ihn nicht so. Aber man hört ihn, den Wind in den Weiden. Die eine Weide hat nachgegeben, die andere strebt und bewegt sich gegen den Wind, die Reibung an der Rinde verursacht den Ton.

Der Wind trifft auf den Deich mit unverstellter Stärke, wie ein beissender Besen fegt er alles rein und dringt ein bis auf die Knochen. Er lässt nicht ruhen, lässt nicht aus, zeichnet Striche und Streifen durch die Landschaft, wirft mit Vögeln um sich, schwarz-weiss graue Fischreiherfedern á la Horst Janssen.

Im Ort, wo es ruhig ist, streckt die Mühle ihre Flügel in die Höhe voller Luft, und dreht sich. Und selbst mit diesem Blatt, worauf diese Worte geschrieben werden, spielt der Wind und lässt mich es jagen, damit es nicht auf immerwiedersehen verschwindet.

Lahnungen im Watt bei Hoyer

Hoyer Schleuse

GEDICHT I

Vom Meer kommt alles
vom Meer kommt das Land
und das Licht
das Meer schiebt Schichten von Licht
in Schichten über das Land
aus Wasser, das Land durchzogen
von Wasser, durchgraben, entwässert

die Fäden der Schilfes
fangen das Licht, Schicht für Schicht
und sieben es zu feinem Sand
der sich ablagert, und daraus
aus den Schichten, auf den Schichten
wächst das Dorf und flimmert
wie eine Fatamorgana
über der Marsch -

GEDICHT II

Die nordfriesischen Inseln
liegen als Noten auf der spiegelblanken See
in der Windstille schweben sie dobbelt
inmitten lichtblankem Leuchten

Untergrundstöne fürs Brachvogelflöten
Langschnabelmelodien komponiert
aus dem Watt steigend

Schneefinken tanzen staccato hinüber
ein Schwarm schwarzweisser Tangenten
mit zitternden Rufen als Gruppen
kommunizierend auf Vorland gelandet
rücken sie vor und gemeinsam
jagen sie Mücken zwischen Treibsel
weissen Knochen und Bernstein

auf eine Schnur aufgezogen sind Gänse
von denen Töne tropfen und sich
im offenen Watt zu Pfützen sammeln -

GEDICHT III

Heute singe ich ein Lied
passend zum zeremoniellen Kakao
südamerikanisch inspiriert
und frage mich aber, wo SIE sind
unsere eigenen Lieder
Lieder unserer Landschaft

meine Lieder sind doch die Lieder des Meeres
der Landschaft, aus der ich geboren wurde
der Landschaft, in die ich hineingeboren wurde
um dann einmal ihr Lied zu singen

angeschwemmt an den Strand
angeschwommen auf den Wellen der Brandung
abgelagert aufgehoben aufgeschoben
aufgeflogen ausgeflogen übers Land
zu anderen Stränden und zurückgekehrt
um endlich den Gesängen zuzuhören
die draussen im Schlick klirrend singen
die mit dem Gras aus dem Deich wachsen
die mit dem Wind gen Osten wehen
die mit den Staren in Schwärmen schwirren
und sich ablagern und zu Marsch werden
zu Salzwiesen und Lämmern
die darauf herumtollen

all dieses singt
und mit dem singe ich
mein Lied -

Sylt am Horizont

HAIKU

Reitende Walkyrien -
aus den Mähnen ihrer Rosse
trieft der Tau

Wotans Gemahlin -
an die Stelle der Göttin
tritt der Teufel

Die drei Nornen
der nordischen Mythen
wurden zu Hexen

Johannisnacht
unterwegs heilige Prinzessin
des Lichts blüht

Heilige Margaret
zieht am Dannewerk um
aufs weisse Pferd

Frejrs Schwester
Göttin der heiteren Luft
heilig Sonnenkalb

Der Weltbaum -
der heilige Hollunder
nordischer Mythos

Morgenfrische -
der weisse König geht auf
wie ein Stern

(Inspiriert von Karl Müllenhoffs Buch „Märchen Sagen Lieder aus Schleswig-Holstein Lauenburg", 1921)

Sturmflutsäule in Hoyer

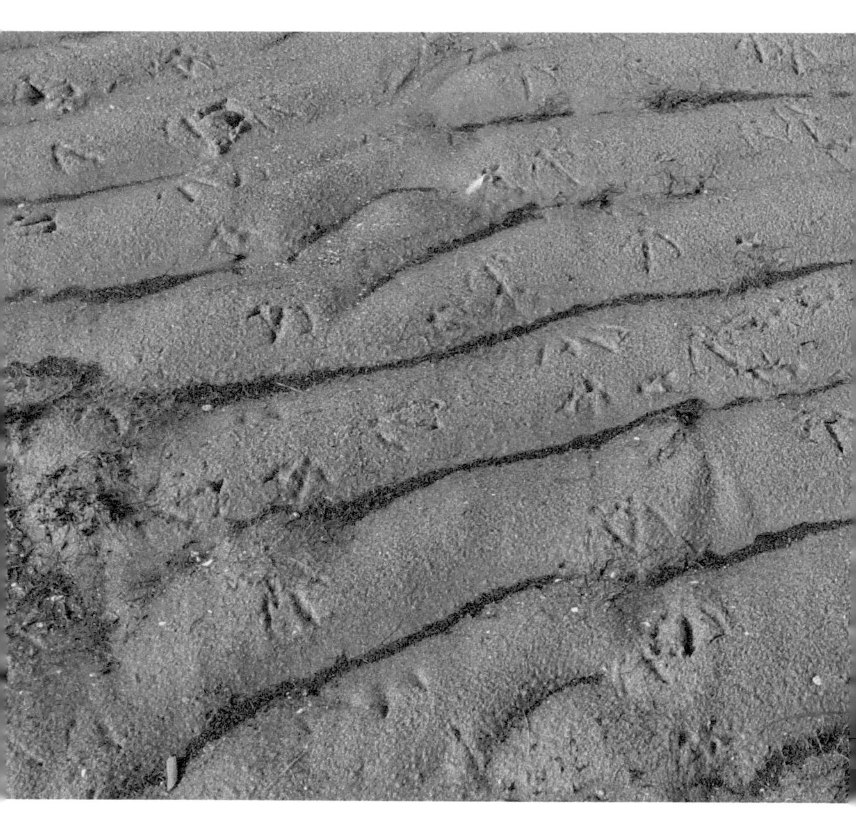

Vogelspuren im Watt